MINISTÈRE

DE L'INSTRUCTION PUBLIQUE ET DES BEAUX-ARTS

ARRÊTÉ

RÉGLEMENTANT

L'ADMINISTRATION FINANCIÈRE ET LA COMPTABILITÉ

DES

OFFICES DÉPARTEMENTAUX

DES PUPILLES DE LA NATION

EN ALGÉRIE

En exécution de l'article 31 du décret du 5 février 1919

PARIS

IMPRIMERIE NATIONALE

—

1919

MINISTÈRE
DE L'INSTRUCTION PUBLIQUE ET DES BEAUX-ARTS

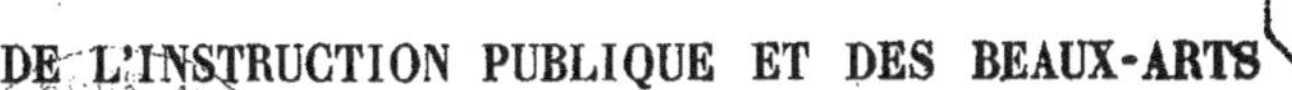

ARRÊTÉ

RÉGLEMENTANT

L'ADMINISTRATION FINANCIÈRE ET LA COMPTABILITÉ

DES

OFFICES DÉPARTEMENTAUX

DES PUPILLES DE LA NATION

EN ALGÉRIE

En exécution de l'article 31 du décret du 5 février 1919

PARIS
IMPRIMERIE NATIONALE

—

1919

ARRÊTÉ

RÉGLEMENTANT L'ADMINISTRATION FINANCIÈRE ET LA COMPTABILITÉ

DES

OFFICES DÉPARTEMENTAUX

DES PUPILLES DE LA NATION

EN ALGÉRIE

En exécution de l'article 31 du décret du 5 février 1919.

LE MINISTRE DE L'INSTRUCTION PUBLIQUE ET DES BEAUX-ARTS ET LE MINISTRE DES FINANCES,

Vu le décret du 5 février 1919 portant règlement d'administration publique pour l'application de la loi du 27 juillet 1917, instituant des pupilles de la Nation, et notamment l'article 31 ainsi conçu :

« Des arrêtés, pris de concert par les Ministres de l'Instruction publique et des Finances, règlent les formes du budget et des comptes, la tenue des livres et écritures du président de la Section permanente et fixent la nomenclature des pièces justificatives des recettes et des dépenses »,

ARRÊTENT :

TITRE I.

Dispositions générales.

ART. 1ᵉʳ. Les services financiers de l'Office départemental s'exécutent par gestion et par exercice; il en est rendu compte de la même manière.

ART. 2. La gestion comprend l'ensemble des opérations de recette et de dépense effectuées dans une même année, ou pendant la durée des fonctions du comptable.

Art. 3. Le budget est l'acte par lequel sont prévues et autorisées les recettes et les dépenses annuelles de l'Office départemental.

L'exercice est la période d'exécution des services du budget.

Les droits acquis et les services faits du 1ᵉʳ janvier au 31 décembre de l'année qui donne son nom à un budget sont seuls considérés comme appartenant à l'exercice de ce budget.

Art. 4. La période complémentaire de l'exercice est la même que pour les opérations du budget départemental.

Art. 5. Aucune dépense ne peut être engagée que par le président de la Section permanente, dans la limite des crédits régulièrement inscrits au budget.

Le président de la Section permanente est seul chargé de la liquidation et de l'ordonnancement des dépenses, ainsi que de l'établissement et de la transmission à l'agent comptable des titres de recettes.

En cas d'absence ou d'empêchement, il peut se faire suppléer par le secrétaire général de l'Office.

Les signatures du président de la Section permanente et de son suppléant doivent être accréditées auprès de l'agent comptable.

Art. 6. Le président de la Section permanente remet à l'agent comptable les titres de rentes, titres de propriété, baux, contrats, jugements et autres actes établissant les droits de l'Office départemental.

Toutes ces pièces sont conservées par le comptable, qui les inscrit sur un registre spécial.

Art. 7. Les opérations de recettes et de dépenses sont effectuées par un agent comptable, chargé seul, et sous sa responsabilité, de faire toutes diligences pour assurer la rentrée des revenus et créances, legs, donations et autres ressources de l'Office, de faire procéder contre les débiteurs en retard, aux exploits, significations, poursuites et commandements à la requête du président de la Section permanente et d'acquitter les dépenses mandatées par celui-ci.

Art. 8. Les fonctions d'agent comptable de l'Office sont remplies pour le département d'Alger par le trésorier général, pour ceux d'Oran et de Constantine par le payeur principal. Toutefois, à titre exceptionnel, dans les départements où les opérations prendront une importance particulière, un agent comptable spécial pourra être désigné.

L'agent comptable spécial est nommé par décret, rendu sur la proposition des Ministres de l'Instruction publique et des Finances, après avis du Conseil d'administration de l'Office. Son cautionnement et son traitement sont fixés dans les mêmes formes. Il est justiciable de la Cour des comptes et soumis aux vérifications de l'Inspection générale des finances.

Son cautionnement peut être réalisé soit en numéraire, soit en valeurs de l'État.

L'agent comptable doit, avant son entrée en fonctions, justifier de la réalisation de son cautionnement, ou de son admission dans une association de cautionnement mutuel reconnue par l'État.

Il prête serment devant le président de la Section permanente, s'il n'est pas comptable du Trésor.

Art. 9. Toutes les sommes allouées à l'Office sur les fonds du Trésor sont ordonnancées au nom de l'agent comptable.

Art. 10. Toute personne autre que le comptable qui, sans autorisation préalable, se serait ingérée dans le maniement des deniers de l'Office est, par ce seul fait, constituée comptable, sans préjudice des poursuites prévues par l'article 258 du Code pénal, comme s'étant immiscée sans titre dans des fonctions publiques.

Art. 11. L'agent-comptable est soumis, pour tout ce qui n'est pas prévu au présent décret, aux mêmes règles que les comptables du Trésor.

TITRE II.

Budget et crédits.

Art. 12. Le budget est établi par chapitres et, s'il y a lieu, par articles, tant pour les dépenses que pour les recettes.

Les dépenses de personnel et celles de matériel doivent faire l'objet de chapitres distincts.

Art. 13. Le projet de budget, qui rappelle les prévisions de recettes et de dépenses de l'exercice précédent, préparé par le président de la Section permanente, est ensuite soumis à cette assemblée dix jours au moins avant d'être présenté au Conseil d'administration, qui doit l'examiner avant le 20 novembre.

Les crédits supplémentaires reconnus nécessaires en cours d'exercice sont proposés, délibérés et approuvés dans les mêmes formes.

Tous ces documents sont transmis à l'Administration centrale par l'intermédiaire du préfet.

Art. 14. Aucun virement de crédit ne peut être effectué entre les divers chapitres sans avoir été voté par le Conseil d'administration et approuvé par le Ministre.

Art. 15. Chaque année, dans le mois qui suit la clôture de

l'exercice précédent, un budget additionnel est préparé par la Section permanente, présenté au Conseil d'administration, délibéré et arrêté dans les mêmes formes que le budget ordinaire.

Ce budget comprend l'excédent de recettes de l'exercice clos, ainsi que les restes à recouvrer et à payer du même exercice.

Art. 16. Les recouvrements de trop-payés qui sont effectués pendant la durée de l'exercice sur lequel l'ordonnancement a eu lieu peuvent être rétablis au crédit de l'article qui avait supporté la dépense.

Le rétablissement de crédit résulte de l'annulation des payements indûment faits, laquelle est opérée par le comptable, sur la demande du président de la Section permanente appuyée d'un bordereau indiquant :

1° La date et le numéro, ainsi que le montant du mandat sur lequel porte la restitution ;

2° La date, le numéro et le montant de la quittance constatant le reversement.

TITRE III.

Recettes.

Art. 17. Les recettes de l'Office départemental se divisent en recettes ordinaires et extraordinaires.

Les recettes ordinaires comprennent :

1° Les revenus et intérêts des biens, des fonds et valeurs appartenant à l'Office ;

2° Les revenus des dons et legs faits à son profit ;

3° Les subventions de l'État, de l'Office national et celles qui pourraient lui être accordées par l'Algérie, par le département ou les communes, par des personnes ou associations privées ;

4° Toutes autres ressources d'un caractère annuel et permanent.

Les recettes extraordinaires comprennent :

1° Le produit de l'aliénation des biens et valeurs ;

2° Les capitaux provenant des dons et legs ;

3° Toutes autres ressources accidentelles.

Art. 18. Toutes les recettes, de quelque nature qu'elles soient, donnent lieu à la délivrance d'un titre de perception signé par le président de la Section permanente.

A chaque titre de perception sont jointes, s'il y a lieu, les pièces justificatives des droits de l'Office départemental; ces pièces sont énumérées et détaillées par l'ordonnateur dans le corps du titre.

Art. 19. Le comptable recouvre les divers produits aux échéances déterminées par les titres de perception et émarge les recouvrements sur ces titres.

Art. 20. Le comptable délivre, pour toutes les sommes versées à sa caisse, soit des quittances extraites d'un journal à souche s'il s'agit d'un agent spécial, soit des récépissés si le comptable est en même temps le trésorier général ou un payeur principal; ces récépissés sont détachés de formules à talon souscrits au titre du compte *Office départemental des Pupilles de la Nation* visé à l'article 43.

Les quittances à souche et récépissés sont assujettis au droit de timbre de o fr. 25 à la charge des parties versantes, sauf les exceptions prévues par l'article 20 de la loi du 23 août 1871.

Le prix du timbre s'ajoute de plein droit au montant de la somme due et est soumis au même mode de recouvrement.

Art. 21. S'il existe des restes à recouvrer à la clôture de l'exercice, le président de la Section permanente soumet l'état de ces créances à l'examen du Conseil d'administration, qui statue :

1° Sur la portion de l'arriéré qu'il y a lieu de reporter à l'exercice suivant;

2° Sur la portion qui pourra être passée en non-valeur;

3° Sur la portion qui doit être laissée à la charge du comptable.

L'ordonnateur assure l'exécution de cette décision par un arrêté inséré à la suite de l'état des restes à recouvrer. Au vu de cet arrêté, l'agent comptable déduit du montant des droits constatés de l'exercice expiré l'ensemble des restes à recouvrer de cet exercice et il prend charge au titre de l'exercice en cours des sommes qui doivent y être transportées et de celles mises à sa charge personnelle.

Art. 22. Lorsque l'Office est pourvu d'un agent comptable spécial, ce dernier adresse aux débiteurs qui veulent se libérer à la caisse d'un comptable du Trésor des ordres de versement qu'ils doivent représenter au moment du versement des fonds; il fait en même temps parvenir au trésorier général ou aux payeurs principaux des duplicata de ces ordres de versement accompagnés d'un bordereau détaillé.

Le comptable du Trésor constate à un compte d'attente les recouvrements effectués; il envoie à l'agent comptable tout d'abord les pièces de recettes, puis, lorsque celui-ci en a reconnu la régularité, les fonds eux-mêmes en un mandat sur le Trésor payable à la caisse du comptable du département où l'Office a son siège. Dès réception de cette valeur, l'agent comptable en délivre quittance au comptable expéditeur.

TITRE IV.

Dépenses.

Art. 23. Les dépenses de l'Office départemental se divisent en dépenses ordinaires et dépenses extraordinaires.

Les dépenses ordinaires comprennent :

1° Les frais de location et d'entretien des immeubles et toutes charges s'y rattachant;

2° Les traitements du personnel de l'Office;

3° Les salaires des gens de service;

4° Les dépenses du matériel;

5° Les dépenses afférentes aux pupilles;

6° Toutes autres dépenses d'un caractère annuel et permanent.

Les dépenses extraordinaires comprennent toutes les dépenses d'un caractère accidentel ou temporaire.

Art. 24. Les marchés de travaux, fournitures ou transports au compte de l'Office sont soumis aux règles établies par le décret du 6 juillet 1905.

Ces marchés ne peuvent comporter d'acomptes que pour un service fait. En aucun cas, les acomptes ne doivent excéder les 9/10" des droits constatés par pièces régulières présentant le décompte du service.

Art. 25. Aucune dépense ne peut être acquittée si elle n'a été préalablement mandatée par le président de la Section permanente ou par son délégué désigné dans les conditions prévues à l'article 5.

Le mandat énonce l'exercice, le chapitre et l'article auxquels se rapporte la dépense, ainsi que le montant du crédit ouvert au titre du chapitre et de l'article; il indique les pièces justificatives produites à l'appui de la dépense; il est daté, le montant en est exprimé en chiffres et en toutes lettres et il est signé par le président de la Section permanente.

Toutes les indications de noms et de qualités nécessaires pour permettre au comptable de reconnaître l'identité du créancier doivent figurer sur le mandat; la partie prenante qui doit y être désignée est toujours le créancier réel à l'exclusion de tout mandataire ou cessionnaire de créance. Les mandats délivrés après le décès du créan-

cier ne désignent pas chacun des héritiers, mais portent seulement
l'indication générale : M. X... (les héritiers).

Chaque mandat porte un numéro d'ordre; la série des numéros
est unique par exercice.

Art. 26. En cas de perte d'un mandat, il en est délivré un duplicata sur la déclaration motivée de la partie intéressée et d'après
l'attestation écrite du comptable portant que le mandat n'a pas été
payé.

La déclaration de perte et l'attestation de non-payement sont
jointes au duplicata délivré par le président de la Section permanente, qui garde des copies certifiées de ces pièces.

Art. 27. Les pièces justificatives de dépenses sont déterminées
par nature de service conformément à la nomenclature annexée au
règlement du 16 octobre 1867 sur la comptabilité du Ministère de
l'Instruction publique.

Les pièces justificatives produites à l'appui d'un mandat doivent
être revêtues du visa de l'ordonnateur.

L'usage d'une griffe est interdit pour toute signature à apposer sur
les mandats et pièces justificatives.

Les titres produits pour la justification des dépenses, notamment
les factures et les mémoires des fournisseurs et des entrepreneurs,
doivent indiquer la date précise soit de l'exécution des services ou
des travaux, soit de la livraison des fournitures; ils sont totalisés en
chiffres et certifiés en toutes lettres, datés et signés par les créanciers, et le domicile de ces derniers doit y être indiqué.

L'ordonnateur arrête en toutes lettres le montant de ces pièces.
Celles-ci sont établies sur papier timbré; le prix du timbre ne doit
pas être ajouté au montant de la créance. Pour les dépenses qui
n'excèdent pas 10 francs dans la totalité, la production d'une facture
ou d'un mémoire peut être remplacée par le détail des fournitures
sur le mandat.

Art. 28. L'ordonnateur adresse à l'agent comptable, avec les
mandats qu'il émet sur sa caisse, un bordereau d'émission auquel
sont jointes les pièces justificatives de dépenses. Après vérification,
le comptable renvoie à l'ordonnateur les mandats revêtus de son
visa ou accompagnés d'une note faisant connaître les motifs pour
lesquels il a cru devoir s'abstenir de les viser. Il conserve le bordereau d'émission ainsi que les pièces justificatives et poursuit, s'il y a
lieu, la régularisation de ces dernières près de l'ordonnateur.

Art. 29. Le président de la Section permanente peut, dans la
limite d'un maximum de 300 francs, autoriser l'agent comptable à
prélever sur les fonds de la caisse les sommes destinées à payer les
menues dépenses journalières à charge par le comptable de justifier, chaque mois au moins, de la dépense effectuée; au vu des justi-

fications produites, l'ordonnateur émet des mandats de régularisation au nom de l'agent comptable.

Art. 30. L'agent comptable, avant de procéder au payement des mandats émis, doit s'assurer, sous sa responsabilité, que toutes les formalités déterminées par les lois et règlements ont été observées.

Le comptable est également tenu de s'assurer de l'identité des parties prenantes. Tout mandat appuyé de justifications complètes et régulières et qui n'excède pas la limite du crédit sur lequel il doit être imputé est payable sur la quittance de la partie prenante ou de son représentant, dûment autorisé. La procuration doit être jointe au mandat acquitté.

Art. 31. Le payement des mandats doit être suspendu par le comptable dans les cas suivants :

1° Absence de fonds appartenant à l'Office ;

2° Absence ou insuffisance de crédit régulièrement ouvert ;

3° Opposition dûment signifiée ;

4° Difficultés touchant à la validité de la quittance ;

5° Omission ou irrégularité matérielle dans les pièces justificatives de la dépense ;

6° Non-observation des formalités prescrites par les lois et règlements ;

7° Lorsque, par sa date et son objet, la dépense ne constitue pas une charge de l'exercice sur lequel le mandat est imputé.

Les motifs de tout refus de payement doivent être énoncés dans une déclaration écrite et immédiatement délivrée par le comptable au titulaire du mandat.

Si l'ordonnateur requiert, par écrit et sous sa responsabilité personnelle, qu'il soit passé outre au payement, l'agent comptable y procède immédiatement et il annexe au mandat, avec une copie de la déclaration, l'original de la réquisition qu'il a reçue.

L'ordonnateur informe le Ministre de l'Instruction publique des réquisitions qu'il a faites.

Le comptable donne également avis de la réquisition, s'il s'agit d'un agent spécial, au Ministre de l'Instruction publique et, s'il s'agit d'un comptable du Trésor, au Ministre des Finances.

Le droit de réquisition accordé à l'ordonnateur ne pourra jamais s'exercer quand le refus de payement du comptable sera fondé sur l'un des quatre premiers motifs énoncés au présent article.

Art. 32. Toutes saisies-arrêts ou oppositions sur les sommes dues par l'Office, toutes significations de cessions ou de transports desdites sommes doivent, à peine de nullité, être faites entre les mains de l'agent comptable.

Art. 33. Les imputations de payement reconnues erronées pendant le cours d'un exercice sont rectifiées dans les écritures du comptable au moyen de certificats de réimputation délivrés par l'ordonnateur. Les changements d'imputation ne sont plus admis dès que le compte du comptable a été définitivement arrêté.

Art. 34. Les mandats qui ne sont pas présentés au payement avant la clôture de l'exercice sont annulés, et les dépenses qui en font l'objet ne peuvent être acquittées qu'au moyen d'un nouveau mandatement sur l'exercice suivant.

Art. 35. Dans le cas exceptionnel où l'Office est pourvu d'un agent comptable spécial, celui-ci doit, lorsque des créanciers veulent se faire payer à la caisse d'un comptable du Trésor, adresser à ce comptable un bordereau d'émission correspondant aux mandats à payer. Le comptable du Trésor effectue le payement sur production des mandats revêtus du « Vu bon à payer » de l'agent comptable de l'Office à qui incombe l'examen préalable des pièces justificatives, le rôle du payeur se bornant à verser les fonds entre les mains de la véritable partie prenante.

Les mandats payés dans ces conditions sont imputés à un compte d'attente dans les écritures de l'agent du Trésor. Celui-ci adresse les titres de payement accompagnés d'un bordereau en double expédition à l'agent comptable, qui doit retourner aussitôt l'une des deux expéditions de ce document revêtue de son accusé de réception. Dès qu'il a reconnu la régularité des opérations effectuées, l'agent comptable couvre le comptable payeur de ses avances au moyen d'un mandat sur le Trésor payable à la caisse de ce dernier et qui est délivré par le comptable du Trésor du département de l'Office, soit contre un versement matériel de fonds, soit après un retrait opéré au compte des fonds placés au Trésor par l'établissement dans les conditions indiquées à l'article 37.

TITRE V.

Services hors budget. — Compte courant du Trésor.

Art. 36. Indépendamment des recettes et des dépenses à effectuer en exécution du budget, le comptable est chargé de diverses opérations qui sont décrites au moyen de comptes hors budget.

Ces opérations se rapportent aux services ci-après :

1° Les excédents de versement qui comprennent le montant des réductions à opérer sur les recettes effectuées par suite d'erreurs, de dégrèvements ou de double emploi ;

2° Les recettes effectuées par anticipation sur des exercices non ouverts ;

3° Les sommes mises en dépôt provisoire à divers titres;

4° Les sommes provenant de retenues pour pensions de retraites;

5° Les sommes provenant d'opérations diverses;

6° Les opérations intéressant le fonds de réserve.

Aucun nouveau compte hors budget ne peut être ouvert sans l'autorisation des Ministres de l'Instruction publique et des Finances.

Art. 37. Les fonds de l'Office sont placés au Trésor sans intérêts.

Le Conseil d'administration peut décider, sous réserve de l'approbation du préfet, que les fonds excédant les besoins prévus seront placés en valeurs de l'État ou de l'Algérie.

TITRE VI.

Écritures de l'ordonnateur.

Art. 38. Les écritures de comptabilité administrative tenues par l'ordonnateur embrassent tout ce qui concerne :

1° La constatation des droits de l'Office et le recouvrement des produits;

2° La liquidation, le mandatement et le payement des dépenses.

Art. 39. Le président de la Section permanente tient un carnet d'enregistrement des titres de perception qu'il remet au comptable.

Ce carnet indique :

1° Les droits constatés au profit de l'Office et la désignation du débiteur;

2° La date du titre de perception;

3° Le montant de la recette à effectuer;

4° L'article du budget auquel la recette doit être appliquée;

5° Les recouvrements opérés d'après les situations fournies mensuellement par l'agent comptable.

Art. 40. L'exécution du service de la dépense implique la tenue d'un livre-journal des mandats émis et d'un grand-livre.

Les mandats émis sont inscrits au livre-journal suivant leur ordre d'émission.

Le grand-livre présente par chapitre ou par article de dépense :

1° Les crédits;

2° Les dépenses engagées;

3° Les droits constatés au profit des créanciers de l'Office;

4° Les mandats délivrés;

5° Les payements effectués à chaque créancier d'après les situations fournies mensuellement par l'agent comptable.

ART. 41. Le carnet des titres de perception et le livre-journal des mandats émis sont cotés et paraphés par le préfet ou son délégué.

L'ordonnateur tient en outre les registres auxiliaires suivants :

1° Un carnet des commandes faites aux fournisseurs;

2° Un livre des fonds de l'Office destiné à permettre de suivre la situation des fonds dont il peut être fait emploi pour l'acquittement des dépenses.

L'Office y est crédité :

a) Au 1er janvier de chaque année, du solde du livre précédent à la date du 31 décembre;

b) Au commencement de chaque mois, des recouvrements effectués pendant le mois précédent, suivant la situation fournie par le comptable en exécution de l'article 50.

L'Office est débité au même livre à la fin de chaque journée du montant des bordereaux d'émission de mandats dressés conformément aux prescriptions de l'article 28.

A la clôture de l'exercice, le montant des mandats restant à payer est annulé au débit.

La balance du livre des fonds de l'Office est arrêté le dernier jour de chaque mois;

3° Un carnet des dépôts et retraits de fonds déposés au Trésor par l'Office départemental lorsque les fonctions de comptable sont exercées par un agent spécial.

ART. 42. La situation de tous les crédits est suivie par l'ordonnateur au moyen d'une comptabilité sommaire des dépenses engagées. Tous les engagements de dépenses sont immédiatement inscrits sur un registre comportant un compte distinct pour chacun des chapitres du budget. Si le montant de la dépense ne peut être exactement déterminé au moment même de son engagement, il est procédé par évaluation et l'inscription ainsi faite au registre est ultérieurement rectifiée dès que le chiffre de la dépense peut être connu.

Les inscriptions faites au registre des dépenses engagées sont datées et numérotées suivant une série annuelle spéciale à chaque chapitre ou à chaque article.

TITRE VII.

Écritures du comptable.

ART. 43. Le comptable du Trésor, qui exerce les fonctions d'agent comptable, constate sur le journal et sur le grand-livre qu'il tient en qualité de comptable du Trésor, les opérations budgétaires et les opérations hors budget effectuées pour le compte de l'Office. Sur ces documents, lesdites opérations sont imputées à un compte de correspondants du Trésor intitulé *Office départemental des Pupilles de la Nation.* Ce compte comprend trois subdivisions respectivement affectées aux budgets des deux exercices en cours pendant une même année et aux services hors budget. Au journal et au grand-livre, de même que dans le corps de la balance mensuelle des comptes du grand-livre et sur les résumés mensuels de recettes et de dépenses, les opérations effectuées pour le compte de l'Office sont portées en une seule ligne en regard de chacune des trois subdivisions susindiquées. Ces opérations sont inscrites en détail sur les livres auxiliaires mentionnés aux articles 44 et 45 ; en outre, des tableaux de développement présentent à la balance, par chapitre pour les recettes et dépenses budgétaires, et par compte pour les services hors budget, le montant des recouvrements et des payements effectués.

ART. 44. Pour la description détaillée des opérations budgétaires, le comptable du Trésor tient par exercice un sommier divisé en deux parties affectées l'une aux recettes, l'autre aux dépenses.

Ces opérations sont enregistrées à leur date audit sommier et classées sous la rubrique de l'article du budget qu'elles intéressent.

ART. 45. Le comptable du Trésor suit les opérations hors budget à l'aide d'un carnet tenu par année sur lequel sont portées d'un côté les recettes, de l'autre les dépenses avec l'imputation de chacune des opérations au compte du service qu'elle concerne.

Le premier article de recette de l'année est formé, pour chaque compte, de l'excédent de recettes de l'année précédente. Les opérations de l'année sont ensuite portées dans l'ordre chronologique sous deux séries spéciales de numéros d'ordre, l'une pour les recettes, l'autre pour les dépenses. A la fin de l'année, la différence entre les recettes et les dépenses de chaque compte doit donner un excédent de recettes qui forme le dernier article de la dépense et le premier article de recette de l'année suivante au même compte.

ART. 46. Afin de pouvoir suivre la situation des fonds susceptibles d'être employés pour l'acquittement des dépenses, le comptable du Trésor tient un livre des fonds de l'Office dans les conditions indiquées à l'article 41 pour l'ordonnateur.

ART. 47. Lorsque l'Office est pourvu d'un agent comptable spécial, celui-ci, outre les livres auxiliaires mentionnés aux articles 44 à 46, tient par année un registre à souche pour les recettes et un livre-journal de caisse.

ART. 48. Sur le registre à souche sont inscrites successivement toutes les recettes faites pour le compte de l'Office à quelque titre que ce soit et à quelque exercice qu'elles appartiennent.

La quittance et la souche reçoivent le même numéro d'ordre. Il n'y a qu'un seul registre à souche et qu'une seule série de numéros pour chaque année, du 1er janvier au 31 décembre.

La quittance doit reproduire très fidèlement toutes les indications inscrites sur la souche.

Le registre à souche est additionné chaque jour ; les totaux journaliers doivent s'ajouter de manière à présenter toujours le total des recettes depuis le 1er janvier.

Art. 49. Le livre-journal de caisse présente d'un côté au débit, chacune des recettes, de l'autre côté, au crédit, chacune des dépenses qui ont été effectuées du 1er janvier au 31 décembre.

Les articles du journal de caisse reçoivent, pour chaque année, deux séries de numéros d'ordre non interrompues, l'une pour les recettes, l'autre pour les dépenses. Les numéros des recettes et les dates d'inscription sont ceux du registre à souche.

Le solde en caisse de l'année précédente forme le premier article de la recette, mais ne porte pas de numéro d'ordre. Le solde en fin d'année forme le dernier article de la dépense, de sorte qu'au 31 décembre la colonne du débit et celle du crédit présentent des totaux exactement semblables.

Art. 50. L'agent comptable de l'Office, qu'il s'agisse d'un comptable du Trésor ou d'un comptable spécial, établit les documents périodiques mentionnés au présent article, ainsi qu'aux articles 51 et 52 ci-après.

Il dresse, chaque mois et pour chaque exercice, une situation sommaire par chapitre et par article du budget des recouvrements effectués pendant le mois précédent. Cette situation est envoyée au président de la Section permanente. Le comptable arrête, au 28 février de la deuxième année de l'exercice, la situation des recouvrements opérés sur les titres de perception. Il établit et adresse, au président de la Section permanente, un état des restes à recouvrer à la même date.

Art. 51. Dans les dix premiers jours de chaque mois, l'agent comptable remet au président de la Section permanente, pour chaque exercice, des bordereaux sommaires par chapitre et par article des payements effectués pendant le mois précédent en y comprenant les changements d'imputation opérés sur les payements antérieurs.

Lors de la clôture de chaque exercice, le comptable fournit à l'ordonnateur, en double expédition, un bordereau détaillé des restes à payer indiquant la nature des créances, les noms des créanciers et la somme due à chacun d'eux. A cet état sont jointes les pièces justificatives des dépenses non acquittées.

Art. 52. A la date du 31 décembre ou au dernier jour de sa gestion, en cas de mutation pendant l'année, le comptable établit, d'après ses écritures qu'il arrête en toutes lettres, une situation donnant le solde des fonds appartenant à l'Office. Cette situation est vérifiée par la Section permanente; il en est adressé une expédition certifiée par l'ordonnateur à la Cour des comptes et, lorsque l'agent comptable est un comptable du Trésor, au Ministre des Finances.

ART. 53. Le président de la Section permanente, lorsque l'Office est pourvu d'un agent comptable spécial, dresse, au 31 décembre et à la date de la cessation des fonctions de ce dernier, un procès-verbal des valeurs de caisse et de portefeuille de l'établissement ainsi qu'une situation des propriétés foncières, rentes et créances composant son actif.

En outre, le président de la Section permanente vérifie la caisse de l'agent comptable au moins une fois par trimestre. Il arrête les écritures et inscrit le résultat de sa vérification sur le livre-journal de caisse.

Quand les fonctions d'agent comptable sont exercées par un comptable du Trésor, l'ordonnateur se borne à établir, le 31 décembre de chaque année ou à l'époque de la cessation des fonctions du comptable, un procès-verbal des titres ou valeurs de l'Office et une situation de son actif.

Pour procéder aux vérifications susindiquées, ainsi qu'à l'établissement des documents visés au présent article, le président de la Section permanente peut se faire suppléer par un membre de ladite section spécialement désigné à cet effet.

TITRE VIII.

Compte de l'ordonnateur.

ART. 54. Le compte administratif du président de la Section permanente est soumis avant le 1er juillet de la deuxième année de l'exercice au Conseil d'administration, qui prend une délibération motivée sur ce compte.

Il est accompagné des pièces suivantes :

1° État détaillé des dépenses liquidées, mais dont l'ordonnancement n'a pu être effectué avant la clôture de l'exercice;

2° État détaillé des dépenses ordonnancées, mais non payées avant la clôture de l'exercice;

3° Un rapport contenant tous développements et explications utiles sur le fonctionnement de l'Office au point de vue financier;

4° Les avis et observations de la Section permanente.

Le compte administratif est soumis avant le 1er août de la même année à l'approbation du Ministre de l'Instruction publique.

Aʀт. 55. Le compte administratif du président de la Section permanente présente par colonnes distinctes et dans l'ordre des articles du budget :

En recettes :

1° La nature des recettes;

2° Les évaluations des budgets primitifs et additionnels;

3° La fixation définitive des sommes à recouvrer d'après les titres justificatifs;

4° Les sommes recouvrées jusqu'à la clôture de l'exercice;

5° Les sommes restant à recouvrer à reporter à l'exercice suivant;

6° Les créances irrécouvrables.

En dépenses :

1° La nature des dépenses;

2° Le montant des crédits;

3° Le montant des droits constatés au profit des créanciers;

4° Le montant des sommes payées sur ces crédits jusqu'à la clôture de l'exercice;

5° Les restes à payer à reporter à l'exercice suivant;

6° Les crédits ou portions de crédits à annuler faute d'emploi.

L'ordonnateur joint d'ailleurs à ce compte les développements et explications nécessaires pour permettre d'apprécier les actes administratifs pendant l'exercice qui vient de se terminer.

TITRE IX.

Comptes du comptable.

Aʀт. 56. Le compte de gestion de l'agent comptable est soumis, avant le 1ᵉʳ juillet de l'année suivante, au Conseil d'administration.

Le compte de gestion indique la distinction par exercice des faits de recettes et de dépenses. Il est établi en trois expéditions : l'une est conservée par le comptable, l'autre par le président de la Section permanente et la troisième déposée au greffe de la Cour des comptes avec les pièces justificatives à l'appui dans le courant du mois de septembre qui suit la clôture de l'exercice. Cette dernière expédition est visée par le Ministre de l'Instruction publique s'il s'agit d'un comptable spécial, et par le Directeur général de la Comptabilité publique du Ministère des Finances si le compte est rendu par un comptable du Trésor.

Arr. 57. Le compte de gestion rendu par l'agent comptable présente :

1° La situation du comptable envers l'Office départemental au 31 décembre de l'année précédente;

2° Le rappel des opérations complémentaires effectuées au titre de l'exercice précédent, du 1ᵉʳ janvier au 28 février de l'année pour laquelle ce compte est rendu;

3° Le développement des autres opérations de toute nature, en recettes et en dépenses, effectuées pendant la même année, avec distinction des opérations budgétaires et hors budget;

4° La situation du comptable au 31 décembre de la même année.

Arr. 58. Le comptable établit le compte des opérations complémentaires de chaque exercice aussitôt après sa clôture et comprend le développement distinct de ces opérations en recettes et en dépenses, appuyées de leurs justifications, dans le même document que le compte des opérations des douze premiers mois auxquelles elles sont réunies pour présenter, au moyen du rappel de la situation finale de l'exercice antérieur, des résultats semblables à ceux du compte rendu par l'ordonnateur.

Arr. 59. Le compte de gestion présente, suivant l'ordre du budget et par colonnes distinctes :

En recettes :

1° La nature des recettes;

2° Le montant des produits d'après les titres de perception;

3° Les sommes recouvrées pendant la première année de l'exercice et pendant les mois complémentaires;

4° Les sommes restant à recouvrer à reporter au budget de l'exercice suivant.

En dépenses :

1° Les articles de dépenses du budget;

2° Le montant des crédits;

3° Le montant des sommes payées sur ces crédits, soit dans la première année de l'exercice, soit pendant les mois complémentaires;

4° Les restes à payer à reporter au budget de l'exercice suivant;

5° Les crédits ou portions de crédits non employés et qu'il serait nécessaire de reporter.

Arr. 60. Chaque comptable n'est responsable que de sa gestion personnelle. En cas de mutation, le compte de l'année est divisé suivant la durée de la gestion des différents titulaires ou intérimaires, et chacun d'eux rend séparément le compte des opérations qui le concernent.

Art. 61. Le compte de chaque comptable est appuyé des pièces justificatives afférentes aux faits de recettes et de dépenses qu'il doit décrire dans son compte.

Art. 62. Les opérations budgétaires de chacun des comptables en fonctions dans le cours d'un même exercice sont rappelées au compte du comptable en fonctions à la fin de l'exercice.

Art. 63. Les comptes doivent être affirmés sincères et véritables, tant en recettes qu'en dépenses, sous les peines de droit, et être datés et signés par le comptable ou ses ayants cause.

Art. 64. L'agent comptable joint, à l'appui de son compte, les pièces ci-après :

1° La situation des fonds de l'établissement établie suivant les prescriptions de l'article 52 ;

2° Le procès-verbal des valeurs de caisse et de portefeuille dressé conformément à l'article 53 ;

3° Le budget de l'exercice, le budget additionnel et l'état des crédits supplémentaires ;

4° L'état des propriétés foncières, des rentes et des créances composant l'actif de l'Office ;

5° L'état détaillé des dettes de l'établissement ;

6° Le bordereau sommaire des adjudications et marchés passés pour les fournitures et travaux pendant l'année ;

7° La copie de la délibération du Conseil d'administration, relativement à ce compte ;

8° Une expédition certifiée du compte de l'ordonnateur.

Art. 65. Indépendamment des pièces principales indiquées ci-dessus, l'agent comptable produit, pour chacun des articles budgétaires de recette et de dépense, les pièces justificatives indiquées dans le présent règlement.

Pour les recettes, les titres de perception sont classés par articles et renfermés dans un bordereau spécial, qui en donne le nombre et le montant et présente également le détail des recouvrements effectués.

Pour les dépenses, les mandats acquittés et les pièces justificatives à l'appui sont classés par articles et renfermés dans des bordereaux détaillés, qui font connaître le nombre des pièces jointes à chaque mandat et les sommes payées.

Art. 66. Les opérations des services hors budget sont justifiées de la même manière.

Art. 67. Un bordereau récapitulatif de toutes les pièces produites est dressé par le comptable et joint au compte de gestion.

Art. 68. L'arrêt rendu par la Cour des comptes, sur le compte de l'agent comptable de l'Office, lui est immédiatement notifié par le greffier en chef de la Cour.

Une autre expédition est transmise au président de la Section permanente, par l'intermédiaire du Ministre de l'Instruction publique s'il s'agit d'un comptable spécial, et du Ministre des Finances si le comptable est un comptable du Trésor.

Des accusés de réception sont adressés à la Cour dans la quinzaine de la notification.

Les pièces et les explications destinées à satisfaire aux injonctions sont adressées à la Cour. Elles sont accompagnées d'un état présentant, dans des colonnes distinctes :

1° La copie textuelle des injonctions;

2° Les réponses ou explications du comptable et l'indication des pièces produites.

Art. 69. Tout agent nouvellement nommé, s'il s'agit d'un comptable spécial, doit joindre à l'appui de son premier compte de gestion des expéditions certifiées par le président de la Section permanente de l'acte qui l'a nommé, de l'acte de prestation de serment et du certificat de l'inscription de son cautionnement.

Lorsque le comptable, qu'il s'agisse d'un agent spécial ou d'un comptable du Trésor, demande le remboursement de son cautionnement, il doit justifier de sa libération par un certificat du président de la Section permanente, sans préjudice des autres pièces exigées par le règlement du Ministère des Finances, en date du 26 décembre 1866.

Art. 70. Les dispositions du règlement du 16 octobre 1867 sur la comptabilité du Ministère de l'Instruction publique sont applicables pour tous les points de détail non prévus par les articles précédents.

Fait à Paris, le 4 juillet 1919.

Le Ministre de l'Instruction publique
et des Beaux-Arts,
L. LAFFERRE.

Le Ministre des Finances,
L.-L. KLOTZ.